AF321875

OFFICE NATIONAL DES MUTILÉS ET RÉFORMÉS
DE LA GUERRE

Avenue Constant-Coquelin, 6. Paris (VII°)

CE QUE TOUT MUTILÉ, RÉFORMÉ ET TOUTE VEUVE

PENSIONNÉE DE LA GUERRE DOIT SAVOIR

ALLOCATIONS D'APPRENTISSAGE

LOI DU 31 MARS 1919

(ARTICLE 76)

ARRÊTÉ MINISTÉRIEL DU 26 JUILLET 1919

MODIFIÉ PAR L'ARRÊTÉ DU 22 MAI 1920

PARIS

IMPRIMERIE NATIONALE

MDCCCCXX

INTRODUCTION.

Reprendre sa place dans la vie sociale, tel est le but que doit poursuivre tout mutilé, réformé et toute veuve pensionnée de la guerre.

La tâche est particulièrement difficile quand, par suite de ses blessures ou maladies, le mutilé ou réformé a été contraint de renoncer à l'exercice de son ancienne profession. Il en est de même pour la veuve qui, privée de son soutien, s'est trouvée subitement obligée de subvenir par ses propres moyens à ses besoins et à ceux de sa famille.

Et comme il faut d'abord vivre, nombre de ces infortunées victimes de la guerre recherchent des emplois qui, certes, leur offrent une rémunération immédiate, encore qu'insuffisante, mais ne correspondent pas à leurs aptitudes et ne présentent pas de garanties sérieuses pour l'avenir. Cette situation est un pis aller qui ne saurait se prolonger qu'au détriment même des intéressés.

Dans la vie sociale moderne, par suite de la spécialisation des moyens de production, pour occuper sur le marché du travail une place honorable, il est indispensable de connaître son métier. Pour cela il faut l'apprendre.

UTILITÉ DE L'APPRENTISSAGE.

Parmi les moyens dont disposent les mutilés, réformés et les veuves pensionnées de la guerre pour acquérir les connaissances professionnelles, l'un des plus pratiques est évidemment l'apprentissage chez un patron.

Ses principaux avantages sont les suivants :

1º Les intéressés ont toute liberté d'action pour le choix de leur carrière et de leur employeur ;

2º Ils peuvent se réadapter sur place à la vie sociale, sans être obligés de se séparer de leur famille ;

3° Par l'apprentissage d'un métier courant dans la région ils s'assurent, sans sortir de leur milieu, des moyens d'existence durables et souvent indépendants. Il convient de remarquer à cet égard qu'ils peuvent obtenir pour leur établissement des prêts d'honneur à 1 % soit des Comités départementaux, lorsque les avances demandées ne dépassent pas 500 francs, soit de l'Office National des Mutilés et Réformés de la Guerre pour les avances de 500 francs à 2,000 francs ;

4° En vue de protéger les apprentis, l'Office National a, conformément à la volonté du législateur, déterminé les conditions dans lesquelles doit se faire l'apprentissage. Le modèle de contrat que devra passer le mutilé, le réformé ou la veuve pensionnée de la guerre contient des dispositions de nature à leur donner à cet égard toutes garanties (voir aux annexes un modèle de ce contrat) ;

5° Le législateur a attaché une telle importance à ce mode de réadaptation au travail qu'il a institué au profit de ceux qui y feraient appel une allocation journalière d'apprentissage variant de 1 franc à 2 francs. Cette allocation ne doit être considérée d'ailleurs que comme une simple prime d'encouragement, destinée à se cumuler le plus souvent avec un salaire ou avec une subvention que l'apprenti pourrait recevoir du Comité départemental des Mutilés et Réformés de la Guerre.

Il est donc de l'intérêt bien compris des mutilés, réformés et veuves pensionnées de la guerre de recourir à l'apprentissage pour se refaire une situation qui les mette, eux et leur famille, à l'abri du besoin. Ils trouveront dans les lignes qui suivent, les détails nécessaires pour obtenir le bénéfice des dispositions qui les concernent.

Qu'il nous soit permis d'ajouter que les patrons, — et il importe d'attirer en toute occasion leur attention sur ce point, — doivent passer le plus souvent possible des contrats d'apprentissage avec les mutilés, réformés ou veuves pensionnées de la guerre.

Outre qu'il y a là pour eux un devoir non seulement de solidarité, mais encore de gratitude envers les infortunées victimes de la grande guerre, il y va de leur intérêt d'avoir des ouvriers ou des employés habiles. En favorisant largement l'apprentissage ils auront en même temps servi leur propre cause, celle des invalides et veuves de guerre et contribué utilement au relèvement économique de notre Pays.

CONDITIONS ET FORMALITÉS

À REMPLIR

POUR OBTENIR L'ALLOCATION D'APPRENTISSAGE.

[Article 76 de la loi du 31 mars 1919; arrêté ministériel du 26 juillet 1919,
modifié par l'arrêté du 22 mai 1920 (Voir annexe n° I)].

A. Demande.

I. Qui peut demander le bénéfice de l'allocation quotidienne d'apprentissage ?

Les mutilés, réformés et veuves pensionnées de la guerre qui font
l'apprentissage d'un nouveau métier chez un fabricant, un chef d'atelier, un ouvrier, un agriculteur et d'une manière générale chez toute
personne exerçant un métier, une profession ou une fonction.

II. Conditions exigées.

Passer un contrat d'apprentissage du modèle prévu (voir annexe II).
La durée du contrat ne peut être inférieure à six mois ni supérieure
à deux ans.

III. Formalités à remplir.

Adresser une demande au Préfet, président du Comité départemental (voir modèle annexe n° 3), avec à l'appui :

1° Une copie du contrat d'apprentissage;

2° a. *Pour les mutilés et réformés.* — Une copie du congé de réforme
ou du titre de pension ou en attendant la délivrance de ce titre, une
copie certifiée conforme soit du congé illimité, soit du titre d'allocations provisoires d'attente.

b. *Pour les veuves.* — Une copie du titre de pension ou d'allocations
provisoires d'attente, ou une attestation du Maire de la résidence de
l'intéressée.

B. Admission.

I. Par qui est prononcée l'admission au bénéfice de l'allocation ?

Par le Préfet, président du Comité départemental, après avis de l'Inspecteur du travail. Si sa décision est favorable, elle est définitive; si elle est défavorable, le dossier est transmis au Comité d'administration de l'Office National, qui statue définitivement.

II. Quel est le point de départ de l'allocation ?

La date de l'admission, qui ne peut être antérieure à celle de la passation du contrat d'apprentissage. L'arrêté du 26 juillet 1919 (modifié par l'arrêté du 22 mai 1920) n'a pas d'effet rétroactif.

III. Quel est le montant de l'allocation quotidienne ?

Elle est fixée par la loi.

S'il y a salaire, elle est égale au cinquième du salaire sans **pouvoir** être inférieure à 1 franc ni supérieure à 2 francs.

S'il n'y a pas salaire, elle est fixée à 2 francs.

C. Payement de l'allocation.

I. Par qui est payée l'allocation ?

Elle est mandatée directement aux intéressés par l'Office National, sur le vu des états *mensuels* transmis par le Préfet. Le mandat de payement peut être touché par les apprentis, soit chez le Trésorier payeur général, soit chez le receveur des finances, soit chez le percepteur, soit, mais seulement pour les mutilés, réformés et veuves résidant à Paris, chez l'agent-comptable de l'Office National, 6, avenue Constant-Coquelin.

II. Pièces à produire par l'apprenti au moment du payement.

Une déclaration faisant connaître qu'il est toujours au service de l'employeur (modèle n° 4).

III. Les états mensuels produits par les Préfets doivent parvenir à l'Office National dans les quinze premiers jours de chaque mois *pour le mois écoulé. Ils ne doivent pas être établis avant l'expiration du mois auquel ils se rapportent. Ils doivent être soigneusement remplis. Ce sont des pièces comptables qui ne sauraient être établies avec trop de soin.*

D. Formalités à remplir par l'apprenti après l'admission.

1° Dépôt au Secrétariat du Conseil de prud'hommes ou au Greffe de la Justice de paix d'un exemplaire du contrat;

2° A la fin de chaque mois, l'apprenti devra adresser au Préfet un certificat par lequel l'employeur atteste que l'apprenti est toujours à son service. *Cette pièce doit être établie le dernier jour de chaque mois. Elle ne peut être antidatée.* (ANNEXE N° 5.)

E. Dans quels cas l'allocation cesse-t-elle d'être due.

1° Elle cesse de plein droit en cas de résiliation du contrat ou lorsque celui-ci prendra fin;

2° Elle peut être supprimée après avis de l'Inspecteur du Travail, avis conforme du Préfet et sur la décision du Comité d'Administration de l'Office National, quand l'apprenti ne se conforme pas aux conditions du contrat (ou ne se livre pas à un travail habituel.

NOTA IMPORTANT.

Tous les renseignements et imprimés nécessaires sont fournis par le Préfet, Président du Comité départemental des Mutilés et Réformés de la Guerre ou par l'OFFICE NATIONAL, 6, Avenue Constant-Coquelin, Paris.

La correspondance avec l'Office National peut être envoyée en franchise lorsque l'enveloppe porte la mention suivante :

Monsieur le Ministre du Travail,

Office National des Mutilés et Réformés de la Guerre,

6, Avenue Constant-Coquelin, Paris (VIIe).

Annexe nº 1.

ARRÊTÉ *relatif aux conditions générales selon lesquelles doivent être passés les contrats d'apprentissage avec les Mutilés, Réformés et Veuves pensionnées de la guerre et attribuées les allocations prévues par l'article 76 de la loi du 31 mars 1919.*

Le Ministre du Travail et de la Prévoyance sociale, Président de l'Office National des Mutilés et Réformés de la Guerre,

Vu l'article 76 de la loi du 31 mars 1919, et notamment les dispositions suivantes dudit article :

«L'Office National des Mutilés et Réformés de la Guerre, institué par la loi du 2 janvier 1918, déterminera les conditions dans lesquelles les collectivités ou œuvres agréées à cet effet pourront organiser cette rééducation. Il fixera les conditions générales selon lesquelles seront passés, sous le contrôle de l'Inspection du Travail, les contrats d'apprentissage.

«Le militaire ou marin pourra aussi, pour sa rééducation et dans les mêmes conditions, passer un contrat d'apprentissage avec un patron particulier.

«L'État versera au militaire ou marin, infirme ou invalide de guerre, et qui fera l'apprentissage d'un nouveau métier, conformément aux dispositions ci-dessus, une allocation quotidienne égale au cinquième de son salaire et qui ne pourra être inférieure à 1 franc ni supérieure à 2 francs. Quand il n'y aura pas salaire, l'allocation quotidienne sera au minimum de 1 franc et au maximum de 2 francs.

«L'Office National des Mutilés et Réformés de la Guerre fixera dans quelles conditions seront attribuées ou supprimées ces allocations» ;

Vu le décret du 26 février 1918, modifié par le décret du 24 septembre 1918 et par le décret du 18 mars 1919 ;

Vu le livre Iᵉʳ, titre Iᵉʳ, du Code du travail ;

Vu la délibération du Comité d'Administration de l'Office National des Mutilés et Réformés de la Guerre en date du 4 juillet 1919,

Arrête :

Art. 1ᵉʳ (modifié par l'arrêté du 22 mai 1920). Pour l'application de l'article 76 de la loi du 31 mars 1919, le contrat d'apprentissage est celui par lequel un fabricant, un chef d'atelier, un ouvrier, un agriculteur et d'une manière générale toute personne exerçant un métier, une profession ou une fonction s'oblige à enseigner la pratique de son métier, de sa profession ou de sa fonction à un mutilé, réformé ou à une veuve pensionnée de la guerre qui s'oblige en retour, à travailler pour lui, le tout à des conditions et pendant un temps convenus.

Art. 2. Le contrat d'apprentissage est passé dans les conditions prévues par l'article 2 du livre Ier, titre Ier, du Code du travail.

Art. 3. L'acte d'apprentissage relatif aux mutilés, réformés et veuves pensionnées de la guerre contient :

1° Les nom, prénoms, âge, profession et domicile de l'employeur;

2° Les nom, prénoms, âge et domicile de l'apprenti;

3° La justification de sa qualité de mutilé, de réformé ou de veuve pensionnée de la guerre. Cette justification sera faite à l'aide d'une copie du congé de réforme ou du titre de pension ou en attendant la délivrance de ce titre, copie certifiée conforme du congé illimité, ou en ce qui concerne la veuve par une attestation du maire de la résidence de l'intéressée;

4° La date et la durée du contrat. Cette durée ne pourra être inférieure à six mois, ni supérieure à deux ans;

5° Les conditions de logement, de nourriture, de prix et toutes autres arrêtées entre les parties;

6° L'engagement pris par l'employeur de traiter l'apprenti avec les égards dus à une victime de la guerre.

Art. 4. Le contrat d'apprentissage sera établi en quatre exemplaires : l'un de ces exemplaires restera aux mains de chacune des parties; le troisième sera déposé au secrétariat du conseil des prud'hommes ou au greffe de la justice de paix; l'autre exemplaire sera adressé au préfet, président du comité départemental des mutilés et réformés de la guerre, qui le fera parvenir à l'inspecteur du travail. Celui-ci communiquera, s'il y a lieu, ses observations aux parties par l'intermédiaire du préfet. Des modèles imprimés de contrats d'apprentissage seront fournis aux préfets par l'office national, ainsi que des formules de demandes d'allocations et les états mensuels qui vont être prévus ci-après.

Art. 5. Aussitôt après avoir passé son contrat d'apprentissage, le mutilé ou réformé et la veuve de la guerre pourront obtenir l'allocation prévue par l'article 76 de la loi du 31 mars 1919. Ils adresseront à cet effet, au préfet, une simple demande sur papier libre. Le préfet, après l'avis de l'inspecteur du travail, statuera comme président du comité départemental des mutilés et réformés de la guerre. Si sa décision est favorable, elle sera définitive. Si elle est défavorable, il transmettra le dossier au comité d'administration de l'office qui statuera définitivement.

Art. 6. Les règles posées par le livre Iᵉʳ, titre Iᵉʳ, du Code du travail et relatives aux contrats d'apprentissage, seront applicables aux contrats passés par les mutilés, réformés et veuves pensionnées de la guerre.

Art. 7. L'inspecteur du travail s'assurera de la bonne et loyale exécution du contrat et veillera, notamment, à ce que les mutilés, réformés et veuves pensionnées de la guerre soient l'objet des égards qui sont dus à leur situation de victimes de la guerre.

Il transmettra, s'il y a lieu, ses observations au préfet qui en avisera le maire du domicile de l'employeur et le comité d'administration de l'Office.

Art. 8. Dans les quinze premiers jours de chaque mois, le préfet fera parvenir au comité d'administration de l'Office national des mutilés et réformés de la guerre un état certifié par lui et par l'inspecteur du travail constatant les nom, prénoms et domicile des mutilés, réformés et veuves pensionnées de la guerre ayant passé un contrat d'apprentissage et ayant été admis au bénéfice de l'allocation ; les nom, prénoms et domicile des employeurs, l'attestation que les mutilés, réformés ou veuves pensionnées de la guerre sont toujours à leur service, le montant du salaire quotidien et le chiffre des allocations auxquelles les intéressés ont droit pour le mois écoulé, allocations qui seront calculées comme il va être dit ci-après :

Art. 9. Sur le vu du présent état, l'ordonnateur de l'Office mandatera au nom des intéressés une allocation quotidienne égale au cinquième de leur salaire et qui ne pourra être inférieure à 1 franc ni supérieure à 2 francs ; l'allocation sera comptée le jour du repos hebdomadaire sur le taux des autres journées de la semaine.

Si le mutilé, réformé ou la veuve pensionnée de la guerre ont un contrat d'apprentissage sans stipulation de salaire, l'allocation quotidienne sera de plein droit de 2 francs. Au mandat sera jointe une formule par laquelle le bénéficiaire attestera qu'il est toujours au service de l'employeur.

Art. 10. Le mandat sera payable chez tous les comptables du Trésor public pour le compte du caissier-payeur central du Trésor qui le recouvrera sur l'Office dans les conditions actuellement pratiquées pour le payement des autres mandats délivrés par l'Office national.

A Paris, les mandats pourront être perçus directement à la caisse de l'agent comptable de l'Office.

Art. 11. Si le mutilé ou le réformé ou la veuve pensionnée de la guerre ne se conforme pas aux conditions du contrat ou ne se livre pas à un travail habituel, l'allocation pourra leur être retirée après avis de l'inspecteur du travail, avis conforme du préfet et sur la décision du comité d'administration de l'Office.

En cas de résiliation du contrat ou lorsque celui-ci prendra fin, l'allocation cessera de plein droit ; le préfet la supprimera, en conséquence, dans l'état mensuel adressé par lui au comité d'administration de l'Office en donnant avis audit comité de la raison de cette suppression.

Art. 12. Le président du comité d'administration de l'Office national des mutilés et réformés de la guerre est chargé de l'exécution du présent arrêté.

Paris, le 26 juillet 1919.

COLLIARD.

ANNEXE Nº 2.

RÉPUBLIQUE FRANÇAISE.

CONTRAT D'APPRENTISSAGE
POUR MUTILÉS, RÉFORMÉS
OU VEUVES PENSIONNÉES DE LA GUERRE.

Entre les soussignés :
1º M. (1)

demeurant à   , rue
et exerçant la profession de
2º M. (2)

demeurant à   , rue
il a été convenu ce qui suit :

ARTICLE PREMIER.

M
s'engage à recevoir M
comme apprenti   et à 1   garder pendant (3)
   Cette période commencera à courir le
et finira le

ART. 2.

M   s'engage à enseigner
pendant ce temps à M
la profession de   et à 1   mettre à portée
d'exercer cette profession à la fin de son apprentissage. Il devra
1   traiter avec les égards qui sont dus à sa situation de
victime de la guerre. Il s'interdit de l'employer à des travaux
de nuit, à des travaux autres que ceux de sa profession, à des
courses trop fréquentes, au transport de fardeaux au-dessus
de ses forces. Il s'engage du reste à respecter à l'égard de
M   les lois et
décrets relatifs à la réglementation et à l'hygiène du travail,
et notamment les règles fixées au Livre Iᵉʳ, Titre Iᵉʳ, du Code
du Travail. Il s'engage en outre à lui fournir les outils nécessaires à l'exercice de sa profession.

ART. 3.

M   s'engage de son côté à apporter
toute sa bonne volonté et toutes ses aptitudes à l'exercice de
la profession qui lui sera apprise, et à se conduire dans la mai-
son en loyal et fidèle collaborateur.

ART. 4.

M (1)   s'engage à payer
à M   à titre de salaire,
une somme de   par (2)
payable tous les   .

L'apprenti sera nourri et logé dans des conditions conve-
nables (3).

ART. 5.

M   s'engage à se soumettre aux
vérifications de l'Inspecteur du travail en ce qui concerne la
bonne et loyale exécution du présent contrat.

ART. 6.

Le présent contrat sera établi en quatre exemplaires.

Un de ces exemplaires restera aux mains de chacune des
parties. Un autre sera déposé au Secrétariat du Conseil des
Prud'hommes ou au Greffe de la Justice de paix. Le dernier
exemplaire sera adressé au Préfet, Président du Comité départemental des Mutilés et Réformés de la Guerre, qui le fera
parvenir à l'Inspecteur du travail.

ART. 7.

L'apprenti percevra de l'État une allocation quotidienne
égale au cinquième de son salaire et qui ne pourra être inférieure à un franc, ni supérieure à deux francs. L'allocation
sera comptée le jour du repos hebdomadaire sur le taux des
autres journées de la semaine.

Si le mutilé, le réformé ou la veuve pensionnée de guerre
ont un contrat d'apprentissage sans stipulation de salaire,
l'allocation quotidienne sera de plein droit de deux francs.

Pour obtenir l'allocation, il suffira à l'apprenti
aussitôt après la signature du présent contrat
d'apprentissage, d'adresser au Préfet une demande sur papier
libre.

Fait à   , le   19   .

LU ET APPROUVÉ :   LU ET APPROUVÉ :
Le Patron ou Chef d'entreprise,   *L'Apprenti,*

MINISTÈRE
DU TRAVAIL.

—

OFFICE NATIONAL
des
MUTILÉS ET RÉFORMÉS
DE LA GUERRE.

Article 76 de la loi
du 31 mars 1919.

—

(1) Nom, prénoms,
âge, profession de l'ap-
prenti.
(2) Nom, prénoms,
âge, profession de l'em-
ployeur.

ANNEXE N° 3.

———

RÉPUBLIQUE FRANÇAISE.

———

DEMANDE D'ALLOCATION.

———

À Monsieur le Préfet d

Président du Comité départemental des Mutilés et Réformés de la Guerre.

—

Je soussigné (1)

demeurant à   , rue
et ayant passé à la date du
un contrat d'apprentissage avec M. (2)

demeurant à   , rue
demande à Monsieur le Préfet de m'attribuer l'allocation quotidienne prévue par l'article 76 de la loi du 31 mars 1919.

Mon salaire est de

Fait à   , le   19 .

(*Signature.*)

Annexe n° 4.

Application de l'article 9 de l'arrêté du 26 juillet 1919, pris en exécution de la loi du 31 mars 1919:

DÉCLARATION DE L'APPRENTI.

Je soussigné (1)

(2)   déclare être toujours au service de M. (3)

avec qui j'ai passé le (4)   , un contrat d'apprentissage dans les conditions prévues par l'arrêté ministériel du 26 juillet 1919, en vertu duquel j'ai été admis le (5)   , au bénéfice de l'allocation journalière instituée par l'arrêté dont il s'agit.

Fait à   , le   192 .

L'Apprenti,

Signature :

---

(1) Nom, prénoms et domicile de l'apprenti.
(2) Inscrire la mention «Mutilé de guerre» ou «Réformé de guerre» ou «Veuve de guerre».
(3) Nom, prénoms et domicile de l'employeur.
(4) Date du contrat d'apprentissage.
(5) Date à laquelle l'intéressé a été admis au bénéfice de l'allocation.

Annexe N° 5.

Application de l'article 8 de l'arrêté
ministériel du 26 juillet 1919
pris en exécution de la loi du
31 mars 1919.

CERTIFICAT DE L'EMPLOYEUR.

Je soussigné (1)

certifie que M. (2)

(3)

avec qui j'ai passé le (4) un contrat
d'apprentissage dans les conditions prévues par l'arrêté ministériel du 26 juillet 1919, est toujours à mon service.

Fait à , le 19 .

L'Employeur,

Signature :

---

(1) Nom, prénoms et domicile de l'employeur.
(2) Nom, prénoms et domicile de l'apprenti.
(3) Inscrire la mention : «Mutilé de guerre» ou «Réformé de guerre» ou «Veuve de guerre».
(4) Date du contrat d'apprentissage.